RABELAIS
EN ANGLETERRE

PAR

CHARLES WHIBLEY

TRADUIT PAR

MARCEL SCHWOB

(Extrait de la *Revue des Études rabelaisiennes*,
1re année, 1er fascicule.)

PARIS

1903

RABELAIS

EN ANGLETERRE

PAR

CHARLES WHIBLEY

TRADUIT PAR

MARCEL SCHWOB

(Extrait de la *Revue des Études rabelaisiennes*,
1re année, 1er fascicule.)

PARIS

1903

RABELAIS EN ANGLETERRE.

Il y a une double difficulté à déterminer avec certitude l'influence de Rabelais sur les écrivains de la grande époque d'Élizabeth. D'abord, la véritable renaissance en Angleterre ne se manifesta que dans la seconde moitié du xvie siècle. Ce furent, en réalité, les contemporains de Shakespeare qui accomplirent pour l'Angleterre ce que Rabelais avait déjà fait pour la France, qui la libérèrent des entraves de la coutume et de la convention et qui enseignèrent à ses fils la leçon de la liberté : agir et penser à son gré. Tandis que Hawkins, Cavendish et les autres héros célébrés par Hakluyt allaient découvrir de nouvelles terres au delà des mers, les poètes et les prosateurs se mettaient à la recherche des régions inexplorées de la pensée et du style. Il n'est donc pas surprenant, qu'animés de la même ardeur qui avait inspiré Rabelais, ils se soient servis, chacun à sa guise, des mêmes armes pour combattre le pédantisme ; et nous ne saurions admettre une prédilection pour les mots étranges et colorés comme une preuve certaine d'influence rabelaisienne. Ceux qui s'efforcent d'atteindre le même but suivent souvent la même route.

La seconde difficulté qui se présente au critique lorsqu'il veut retrouver la trace de Rabelais dans notre ancienne littérature est la suivante : le nom de Gargantua, qui aurait semblé présenter un élément décisif, n'est pas seulement le nom du père de Pantagruel, mais encore celui du géant d'un livret populaire qui pourrait même être antérieur à l'œuvre de Rabelais. Quand Francis Meres, dans sa *Pal-*

ladis Tamia (1598), condamne *Gargantua*[1] avec les *Quatre fils Aymon* et les *Sept Champions* comme des livres pernicieux à la jeunesse, il est bien probable qu'il ne songe pas à Rabelais. De même, lorsque, dans la pièce de Beaumont et Fletcher *The Knight of the Burning Pestle,* le barbier, au cri de son apprenti : *St. George for me!* répond : *Gargantua for me!* il est clair que le barbier se souvient d'un de ces petits livrets qu'on imprimait à bon marché et qu'on colportait par les rues, tels que *Bevis of Hampton* et *Guy of Warwick.* Le passage même de Shakespeare dans *As You like it :* « *You must borrow me Gargantua's mouth first : 'tis a word too great for any mouth of this age's size,* » n'implique pas nécessairement la connaissance de Rabelais. C'est un géant dont veut parler Shakespeare, un géant qui peut n'avoir rien de commun avec le héros des véritables chroniques de Gargantua.

Mais, d'autre part, il y a de fortes raisons pour croire que Shakespeare avait lu et apprécié Rabelais dans l'original français. Il a été longtemps de mode parmi les érudits de représenter Shakespeare comme un illettré, peut-être afin d'exalter encore la splendeur de sa maîtrise. La fameuse phrase de Ben Jonson : « *Small Latin and less Greek,* » a servi de prétexte à de fréquentes illusions. Cette phrase n'a, sans doute, d'autre portée que d'insinuer que Shakespeare n'avait point passé, ainsi que tant de ses contemporains, par l'éducation d'une université. Il est certain que ce n'était point un érudit au même titre que Ben Jonson, lequel était, à proprement dire, un érudit; il est vrai que Shakespeare se servit des nombreuses et admi-

---

1. Il faut remarquer que Charles de Bourdigné, dans la *Légende de Pierre Faifeu* (1521), met ses lecteurs en garde contre les mêmes héros. « Laissez ester, » dit-il,

> « Les quatre filz Aymon vestuz de bleu,
> « Gargantua qui a cheveux de plastre. »

Mais c'est là une rencontre purement fortuite.

rables traductions des ouvrages classiques qui furent publiées de son temps ; mais il est impossible de concevoir qu'un poète aussi réceptif à tout ce qu'il y avait de savoureux et de curieux dans la vie et la littérature n'ait pas dépassé des connaissances rudimentaires, non pas seulement en grec et en latin, mais encore dans les langues modernes. Sa connaissance du français, en fait, est attestée par les scènes de *Henri V,* qui sont écrites dans ce langage, et dont il n'y a pas de raison sérieuse pour lui ôter l'attribution. De plus, un passage d'*Othello* prouve manifestement la familiarité de Shakespeare avec le texte original de Rabelais. « *Your daughter and the Moor,* » dit Iago (*Othello,* acte I, sc. 1), « *are now making the beast with two backs.* » Ceci est, évidemment, traduit de Rabelais : « Et faisoient tous deux souvent ensemble la beste à deux dos joyeusement. » Et c'est là un fait qui ne doit nullement nous surprendre, puisqu'il eût été fort étrange que Shakespeare n'eût pas eu la moindre connaissance d'un auteur dont l'intelligence et « l'humour » étaient si étroitement apparentés aux siens. Quant à Ben Jonson, pour ne citer qu'un autre poète dramatique, c'était visiblement un lecteur de maître Alcofribas. Lui aussi, il cite Gargantua : « *I'll go near to fill that huge tumbril slop of yours with somewhat,* » dit Downright à Bobadil dans *Every Man in his Humour,* « *an I have good luck : your Gargantua breech cannot carry it away.* » Mais nous n'aurions pas besoin de ce témoignage précis pour nous convaincre. Il est évident que l'auteur de *Bartholomew Fair,* ce chef-d'œuvre d'humour rabelaisien, avait suivi un bon exemple et s'était soumis à une influence dont le génie lui semblait allié au sien.

Il ne serait pas difficile d'ajouter encore d'autres citations de la littérature du xvie siècle qui attesteraient la connaissance de Rabelais[1]. Mais il y a un écrivain qui,

---

1. La première allusion faite en Angleterre à Rabelais se trouve dans le pamphlet *An Almond for a Parrot,* faussement attribué à

par-dessus tous les autres, a prouvé par le style et la substance de ses œuvres qu'il a largement emprunté à l'Abstracteur de Quintessence. Cet écrivain est Thomas Nashe, un des auteurs les plus caractéristiques et les moins lus de son époque. De sa vie, nous savons peu, à l'exception de quelques traits d'autobiographie que çà et là on trouve dans ses livres. Né en 1567, il entra à St. John's College, Cambridge, à l'âge de quinze ans et y demeura sept années. Après avoir quitté l'université, il parcourut la France et l'Italie, où il apprit à connaître les chefs-d'œuvre de la littérature étrangère. Il était à peine majeur lorsqu'il débuta dans le métier d'écrire, à Londres, ayant pris la résolution de gagner son pain par le travail de sa plume et de trouver un protecteur. Étant bien de son temps, il était tout prêt à chanter les louanges de quiconque voudrait le payer. « Si un Mécène m'attache par sa générosité, dit-il, je lui ferai honneur autant qu'autre poète d'années aussi imberbes en toute l'Angleterre[1]. » Mais, en revanche, il était prêt à faire chanter si l'on s'avisait de le « renvoyer la puce à l'oreille. » « J'ai des épithètes, si on m'irrite, dit-il par menace, toutes confites dans l'eauforte et dans la poudre d'arquebuse, qui sonneront par le ciel et feront trembler la terre aux oreilles d'un vilain[2]. » Mais il ne put trouver de patron et il vécut de la vie de son temps, comme tant d'autres qui passèrent leurs années entre la taverne et la geôle. Sa plus grande souffrance fut

Nashe. « Le joyeux Rablays, dit l'auteur, lequel dédia plus grand partie de ses œuvres à l'âme de feu l'ancienne Reine de Navarre, longtemps après sa mort, pour ce qu'avoit moult bien joyeuseté maintenu pendant sa vie. » (*That merry man Rablays who dedicated most of his workes to the soule of the old Queene of Navarre many years after her death for that she was a maintainer of mirth in her life.*)

1. If any Maecenas bind me to him by his bounty, I will do him as much honour as any poet of my beardless years shall in England.

2. I have terms, if I be vexed, laid in steep in aquafortis and gunpowder, that shall rattle through the skies, and make an earthquake in a peasant's ears.

la pauvreté. C'est avec amertume qu'il se plaint de cette
« faulte d'argent » qui inquiétait tant Panurge. Il se souvient, avec une espèce de désespoir, « d'un savetier qui
valait ses 5oo livres, d'un valet d'écurie qui s'était fait
bâtir une très belle hôtellerie, » et il demande, non sans
quelque raison : « N'ai-je pas plus d'esprit qu'eux? Ne
suis-je pas mieux né? Et mieux élevé? Voire, et de meil-
leure chère? Et pourtant je suis gueux[1]. » Heureusement
qu'en dépit de sa pauvreté il reste fidèle aux belles-lettres.
En 1589, il prit part à ce qu'on appelle la *Martin Marprelate Controversy*, qu'il serait lassant d'exposer en
détail, aujourd'hui que les années l'ont rendue obscure.
Il se jeta dans le débat avec une extraordinaire énergie,
d'abord parce qu'il éprouvait contre un puritain une haine
non moins âpre que l'horreur que Rabelais pouvait éprou-
ver contre un moine, mais surtout parce qu'il fut l'un des
plus grands maîtres de l'invective qui aient jamais existé
et qu'il avait la fière conscience de ses facultés. Son prin-
cipal adversaire fut Gabriel Harvey, fils d'un cordier, *fel-
low* de Pembroke Hall, à Cambridge, et ferme champion
des puritains. C'est contre lui que se déploie la plus belle
rage de Nashe et sa plus exquise fureur. C'est lui qui est
le « traître » dans les pièces de Nashe, et bien que certaine-
ment nous eussions ignoré l'existence même de Harvey
s'il n'eût pas excité la bile du pamphlétaire, sa vie n'a pas
été vaine pour la littérature. Le meilleur d'entre les pre-
miers pamphlets de Nashe : *Pierce Penilesse. His sup-
plication to the Devill*, eut un succès immédiat. Il fut réim-
primé six fois à Londres, et, s'il faut en croire Nashe,
traduit en français[2]. Le même sort était réservé aux autres
pamphlets de Nashe. On les lut avec avidité; on les dis-

1. Have I not more wit than these? Am I not better born? And
better brought up? Yea, and better favoured? And yet am I a
beggar.

2. Jusqu'ici, cette traduction française a échappé aux plus patientes
recherches. Il serait curieux de savoir si quelque bibliographe en a
trouvé trace en France.

cuta passionnément, et ses invectives trouvèrent leur expression la plus parfaite dans un chef-d'œuvre d'insulte magistrale, *Have with you to Saffron Walden*. Mais ce n'est pas seulement dans l'invective que Nashe excella. Le pamphlet *Christ's Tears over Jerusalem* renferme un tableau réaliste de Londres à la fin du xvie siècle, tracé avec un talent qu'il serait difficile d'égaler. *The Unfortunate Traveller* représente le premier roman d'aventures qui ait été composé en anglais. En même temps, dans *Lenten Stuffe*, Nashe chantait l'éloge du hareng saur dans une veine burlesque et extravagante. Il reste à ajouter que la plus fameuse de ses comédies, *The Isle of Dogs*, est perdue, et qu'il mourut en 1601.

Telle est la maigre biographie que nous parvenons à établir. Mais Nashe, en tout ce qu'il aborda, fit preuve d'un véritable talent d'homme de lettres, qui a conscience d'un style qu'il s'est façonné lui-même sur des modèles étrangers. Il écrivait avec cette exaltation d'énergie qui n'est pas seulement le propre de la jeunesse, mais qui est la marque des époques jeunes. Et pourtant, malgré cette énergie, il demeure toujours parfaitement maître de son sujet. La *Marprelate Controversy* fut surtout pour lui une excitation à sa méthode d'écrire en anglais, et nous pouvons être certains qu'il s'y engagea plutôt en artiste qu'en partisan. Au plus fort de sa rage contre Harvey, il donne l'impression que le pédant de Cambridge ne sert que de prétexte à un jeu d'esprit vif et animé, à une explosion de style pompeux et sonore. Il aimait les mots dont il se servait pour leur seul éclat, et on ne saurait retourner avec justice contre lui l'accusation qu'il porte contre le diable : « Il a, dit-il, abandonné la forme, et il est tout au fond[1]. »

Lodge écrit de lui : « L'Arétin anglais. » Il eût été plus juste de dire « le Rabelais anglais. » Harvey, son adversaire, reconnut en lui sa qualité dominante avec un juge-

---

1. He hath left form and is all for matter.

ment surprenant. « Pauvre que je suis, dit-il, d'être entré en lice contre un Gargantuiste qui va m'avaler tout cru dans une salade[1]. » Un Gargantuiste ! Voilà bien ce qu'était Nashe, et tel il demeura jusqu'à la fin. A dire vrai, si on fait la part de l'époque et des circonstances, le but que se proposait Nashe ne manque pas d'analogie avec le but que visait Rabelais. Lui aussi, il lutte contre les forces alliées du pédantisme et du puritanisme. « Pourquoi les nommez-vous puritains ? » demande Marforius dans *Pasquil's Return to England,* et Pasquil répond, avec un mépris qui n'est pas indigne du Maître : « *A pruritu.* » Ils ont à la main la marque d'infamie, ces puritains ; « ils cuident être purs ; » ils ont une marque à l'œil, et, souvent, ils rappellent « le grand tas de sarrobonites, cagots, escargots, hypocrites, etc., » de maître Alcofribas. La ressemblance est frappante sous bien d'autres rapports entre Nashe et Rabelais. Nashe, lui aussi, comme Rabelais, est un érudit. Il possède au bout des doigts la science de son temps. Il montre un profond mépris pour les « pauvres auteurs sans latin. » Mais jamais il n'eut que des louanges pour les grands écrivains de son temps, et il adore la poésie comme une idole. « Poésie, écrit-il, est le miel de toutes fleurs, la quintessence de toutes sciences, la moëlle de la fantaisie et la phrase même des anges[2]. » De même son éducation fut assez semblable à celle de Rabelais et on retrouve dans ses œuvres les mêmes lieux communs, tirés de Pline et des autres, qui illustrent Gargantua et Pantagruel. Messaline, Cassius l'Agélaste, Zeuxis et les oiseaux, il les cite tous, avec bien d'autres encore. Comme Rabelais, il se dégage du style de son époque. Vainement on chercherait dans ses livres les antithèses de cour de cet Euphuisme, alors si fort à la mode. Sa prose est en partie

---

1. Cf. Rabelais, liv. I, ch. xxxviii. Poor I that am matched with such a Gargantuist as can devour me quick in a salad.

2. Poetry is the honey of all flowers, the quintessence of all sciences, the marrow of wit and the very phrase of angels.

nourrie de son érudition et faite en partie de la langue
populaire la plus savoureuse et la plus pittoresque, en
quoi il suit encore le Maître. Pour se composer un vocabulaire, non seulement il pille la technique des arts et des
sciences, mais encore il recueille les mots du coin de la
rue et collige soigneusement les dictons du peuple. On
trouverait encore un point d'analogie avec Rabelais dans
l'affection de Nashe pour les synonymes. Jamais il ne
perd l'occasion d'enfler sa phrase par l'agglomération
d'épithètes sonores, et il n'y a pas de page dans ses livres
qui ne rappelle, par cette seule raison, l'éloquence de son
modèle.

Tout en évoquant le langage de Rabelais par l'appa-
rence générale de son style, de temps à autre Nashe lui
rend l'hommage d'une imitation directe et consciente. Sa
« merveilleuse, étrange et miraculeuse Prognostication
astrologique, en laquelle, s'il se peut découvrir un men-
songe, l'auteur veut perdre son crédit à jamais[1], » n'est
qu'une adaptation de la Prognostication pantagruéline,
amplifiée et accommodée au but qu'il se propose. On ne
saurait lire le récit de la naissance de Gabriel Harvey, les
rêves de sa mère et la lettre où est narrée sa prime éducation en la politesse du savoir sans se souvenir de la
manière propre des récits de Rabelais. Il adresse la dédicace de *Have with you to Saffron Walden* à un barbier
dans des termes qui sont l'écho des prologues de Rabelais. Voici cette dédicace :

« Au très orthodoxal et révérend Correcteur de Che-
veux Horripilés, sincère et finigraphique Raréfacteur de
Prolixités rudes et barbares, égrégissime et méritorissime
Animadvertisseur de Moustaches errantes, Grand Décrot-
teur de Mentons et Capitale Personne de la Paroisse en
laquelle il demeure, Surintendant spécial de toutes Super-

---

1. *A wonderfull strange, and miraculous Astrologicall Prognostication for (1591) wherein if there be found one lye, the Author will
loose his credit forever.* (Nashe, *Works*, vol. II, p. 141.)

fluités Excrémentitielles au Collège de la Trinité, en la cité de Cambridge, et (pour conclure) Notable et Singulier Bienfaiteur de toutes Barbes en général, Don Richardo Barbarossa de Caesario, Tho : Nashe offre le plus Haut de ses Biens, contentement et félicité, avec le Raccourcissement de tous ses ennemis [1]. »

Quelques exemples de style tirés des livres de polémique de Nashe montreront plus clairement encore ce qu'il doit à son maître. Voici comment il décrit la dernière « épistolerie » (*epistling*) de Gabriel Harvey : « Mais quand je vins à découdre et déboudiner cette gargantuesque bedaine farcie, et chose autre n'y trouvai que boyaux de chien, foies de cochons, fiel de bœuf et tripes de mouton, je tombai en deuil plus amer que cuisinier à un long prêche quand le rôti brûle. » (*But when I came to unrip and unbumbast this Gargantuan bagpudding, and found nothing in it but dogs tripes, swines livers, oxegalls, and sheepes gutts, I was in a bitterer chafe than anie Cooke at a longe Sermon when his meat burns.* Nashe, *Works*, vol. III, p. 49.) Cette phrase, on le voit, est manifestement tournée à l'imitation du style de Rabelais, et quelques pages plus loin, dans le même pamphlet, on lit un passage analogue. Nashe vante un portrait de Gabriel Harvey, tracé par lui-même, et dit : « Je l'ai fait en façon si belle, si alerte et tant dextrement limé, raboté, matagrabolisé, incornifistibulé, que je défie mon Hans Holbein, Hans Bol ou Hans Muller, avec tous leurs pareils,

---

1. To the most Orthodoxall and reverent Corrector of staring haires, the sincere and finigraphicall rarifier of prolixious rough barbarisme, the thrice egregious and censoriall animadvertiser of vagrant moustachios, chiefe scavinger of chins and principall Headman of the parish wherein he dwells, speciall supervisor of all excrementall superfluities for Trinitie Colledge in Cambridge and (to conclude) a notable and singular benefactor to all beards in generall Don Richardo Barbarossa de Caesario Tho : Nashe wisheth the Highest Toppe of his contentment and felicitie and the Shortening of all his enemies. (Nashe, *Works*, vol. III, p. 5.)

de l'amender ni d'en approcher de quarante pieds. » (*I have
handled it so neatly and so sprightly and withall ouzled,
gidumbled, muddled and drizled it so finely, that I for-
bid ever a Hanns Bol, Hanns Holbine, or Hanns Mullier
of them all to amend it or come within fortie foote of it.*
Nashe, *Works*, vol. III, p. 56.)

Écoutez le récit de l'arrestation de Harvey par les
bedeaux et vous reconnaîtrez le style et la cadence du
Maître : « Entrant donc en la chambre bien hardiment,
comme deux grasses panses trop mieux bouffies et fanfa-
ronnes, à trognes larges comme un dos de cheminée et
grosses comme le pot à tripes de la ville, ensemble frap-
pant sur l'épaule du docteur un bon coup, dont les genoux
lui plièrent et le bedon lui cria couac : « Çà, dirent-ils,
« sans méprendre (tonnant de la voix en la façon d'un
« vilain d'huissier), au nom de Dieu et de la Reine nous
« vous arrêtons. » (*Stept into the roome boldly (as they
were two well bumbasted swaggering fat bellies, having
faces as broad as the backe of a chimney, and as big as a
towne bagpudding) and clapping the Doctor with a lusty
blow in the shoulder, that made his legs bow under him
and his guts cry quag againe, by your leave, they said
unto him (in a thundering yeoman ushers diapason) in
God's name and the Queene's we doo arrest you.* Nashe,
Works, vol. III, p. 145.)

Mais jamais Nashe ne ressemble de plus près à Rabelais que dans son amour de la monstruosité. Voici comment il décrit maître Dives, un glouton de Londres :
« *Miserere mei*, le gras rustre que c'est ! Il a, par ma foi,
la bedaine grosse comme l'église ronde de Cambridge, la
figure énorme autant que tout le corps d'une contrebasse,
et ses jambes, si curieux étiez de les creuser, vous pour-
riez loger dans chacune un moulin à vent. » (*Miserere
mei, what a fat churl it is ! Why he hath a belly as big as
the Round Church in Cambridge, a face as huge as the
whole body of a bass viol, and legs that if they were hol-*

low, a man might keep a mill in either of them.) Ces jambes ont le gigantesque de la vraie fantaisie : on aurait pu les trouver dans Rabelais autant qu'elles auraient pu suggérer une image à Jonathan Swift.

Pour l'*ars bibendi,* Nashe en disserte avec autant de science que Rabelais, mais sans la même sympathie. Même « boire » lui paraît comme une invention coupable « nouvellement venue de France, » et il la condamne avec une férocité qui serait mieux appropriée à ses ennemis les puritains qu'à un disciple de Pantagruel. Mais, d'autre part, sur les femmes, il écrit avec une candeur et une variété qui ne sont pas très indignes de son modèle. Il a la même opinion d'elles que Rabelais. « Tenez, dit-il, allez où vous voudrez dans le faubourg, et m'amenez deux pucelles de chasteté notoire, et je cours bâtir un couvent. » *(Nay, go where you will in the suburbs and bring me two virgins of avowed chastity, and I'll build a nunnery.)*

J'en ai cité assez pour montrer combien Thomas Nashe doit à Rabelais et dans la formation de son vocabulaire et dans la structure de ses phrases. Comparer les deux hommes, ce serait, évidemment, comparer le petit à l'infiniment grand. Nashe ne posséda ni la calme vision que Rabelais eut de l'univers ni l'amplitude de son humour. On ne saurait dire de lui, comme on pourrait le dire de Rabelais, qu'il « voyait la vie sans cesse et la voyait tout entière. » Mais, sur ce coin de Londres qui s'est trouvé à sa portée, Nashe a jeté un regard qui ressemble un peu au regard de Rabelais, et son exemple prouve que maître Alcofribas fut rapidement apprécié de notre côté du détroit. Bien qu'un Anglais prude fasse allusion de bonne heure à la « bouche ordurière » de Rabelais, les écrivains du temps d'Élizabeth ne furent nullement choqués, en général, par le créateur de Gargantua et de Pantagruel. Les Anglais, en ces jours généreux, n'avaient pas encore commencé à regarder le monde « par un pertuis. »

C'est un prurit qui nous attaqua plus tard, mais non pas jusqu'à ce que Robert Burton, dans son *Anatomie de la mélancolie,* eût adapté à son dessein la méthode et l'érudition de Rabelais. Tous ceux qui, après Burton, se réclamèrent de Rabelais sont de faux Rabelaisiens. La phrase lumineuse de Coleridge : *anima Rabelaesii habitans in sicco,* condamne à jamais les prétentions de Swift, et je ne voudrais pas assurer que ce n'est pas en Thomas Nashe que Rabelais trouva son plus fidèle ainsi que son plus ancien disciple.

Nogent-le-Rotrou, imprimerie DAUPELEY-GOUVERNEUR.